# nous n’avons fait que fuir

bertrand cantat

# nous n'avons fait que fuir

verticales

collection « minimales »


ISBN 2-84335-168-5

En juillet 2002, dans le cadre du festival de Montpellier-Radio France, le groupe Noir Désir répondait à une invitation de France Culture pour un concert qu'on peut à bon droit qualifier d'exceptionnel.

Ce fut en fin de compte un long poème de Bertrand Cantat, au titre surprenant, voire énigmatique, *Nous n'avons fait que fuir*. Bilan ? Regret ? Appel au réveil ? Ce texte est tout cela à la fois, comme un cri de rage pour dire une période qui nous trouve souvent démunis ou impuissants face à la farce du monde. « Tu as perdu ta langue ? », ce leitmotiv, comme une fausse question, nous incite à reprendre une parole débarrassée des lieux communs et des réflexes de soumission pour trouver la force de dire non, et d'aspirer à autre chose qu'un monde de la pure apparence et du conformisme.

Par fragments successifs, on entre dans un monde visionnaire, avec ses nostalgies, ses beaux souvenirs, ses tendresses, mais aussi ses cauchemars, ses sarcasmes, son ironie taraudante, selon l'errance d'une longue route faite aussi bien de lucidité que de rêves malgré tout, où « les chiens resplendissants deviennent nos alliés ».

La planète va mal ? En voici la confirmation, poétique et implacable comme un cri chanté, ou un chant crié et murmuré. L'énergie de la révolte est dans ces lignes, contre les multiples tentatives d'étouffement qui sont notre quotidien.

Il en résulte un magnifique et long morceau de près d'une heure, psalmodié, caressé, hurlé, brandi, chuchoté, borborygmé, dont on trouvera la version jouée un soir d'été par le groupe Noir Désir, moment en bonne part improvisé, et déjà inoubliable.

Le tragique est survenu entre-temps, avec sa part d'irrémédiable. D'aucuns voudraient tout effacer. Je crois au contraire que le propre de l'homme, ce qui le fait grand, est la mémoire, où l'on regarde le pire et le meilleur. Mais le pire n'abolit pas le meilleur. Il le rend plus problématique. À chacun, désormais, de faire son usage de la mémoire.

Bernard Comment

Nous n'avons fait que fuir
Nous cogner dans les angles
Nous n'avons fait que fuir
Et sur la longue route
Des chiens resplendissants
Deviennent nos alliés

J'ai connu des rideaux de pluie à draper des cités souveraines et ultimes. Des cerceaux déchirés couronnant les chapelles de la désespérance.

Et tourne l'onde, et tourne l'onde et tourne l'onde et tourne et reviens-moi au centuple,

Reste / accroche / Rêche, me caresse, me saoule et me saborde.

Dérape / s'enroule / poulie de malheur / pourrie / chaleur, me devient familier le chant des automates.

On est plombé, mon frère, des oripeaux de plomb, j'te dis, de la tonne superflue / carcan / jour et nuit / carcan / fossoyeur / carcan / tout sourire aux dents vertes et nous consommerons, cramés par des soleils de pilules d'apparat, cernés par le fatras trop habile et tu ne pourras ployer, personne ne verra rien.

Et puis des anciens charmes qui te remontent enfin du dernier des je t'aime. J'aperçois des caboches saturées de limaille qui replongent leurs yeux au cœur de l'horizon. Et des possibles errances à la poitrine fière mais toujours en douceur.

On a l'art du ruisseau
On a l'art de la plaine
On a l'art des sommets
On a l'art des centaines de millions
de combattants de la petite vie
qui se cognent aux parois

On a l'art de faire exploser les parois
On a l'art des constellations
On a l'art des chairs brutes

On a l'art de l'abîme
On a l'art du fracas
On a l'art de la pente douce
Et on a l'art du silence

Dis-moi est-ce que je peux
Entourer de ma peau ton joyau
de platine
Je l'ai vu qui palpite
Sur le bord du chemin

C'est vrai, c'est pourtant vrai
C'est vrai, c'est pourtant vrai
C'est vrai, c'est pourtant vrai

Le cadeau est immense, même la pierre a bondi elle peut se mesurer aux planètes, à la Voûte

Elle peut donner des cours d'une autre architecture aux « Buildings »

« Tu l'as vu mon éclat il est dû au hasard enfin on dit comme ça, ma forme était connue depuis la nuit des temps, je parle de maintenant d'ici et de maintenant. Allez salut cousin bonjour à tes nuages ! »

Un cortège se met en route, une kyrielle d'assassins, tous insectes de proie. Ils marchent ils avancent ils signent du bout des lèvres leur projet pour le siècle qu'on lit les yeux crevés.

Alerte ! Tous aux abris, aux caves ventres chauds qui te protégeront, retourne chez ta mère…

Ta mère, ta mère était blonde, blonde comme les blés, elle laissait s'écouler des trésors de chaleur de la chair de sa voix. À moins qu'elle n'ait été demi-princesse indienne, te faisant boire la nuit des breuvages cuivrés comme une peau d'iguane. Approche tes lèvres approche !

Approche tes lèvres approche !
Approche tes lèvres approche !

Plonge, redis-moi d'où tu viens, s'écoule au fond des puits le remède ancestral. Ou l'on n'existe pas ou l'on peut tout saisir dans le feu d'un éclair, dans le demi clin d'œil, claque ton étendard au vent, chuuut / on le garde au secret.

Avale ta langue, maint'nant, on te saisira tout, huissier, corbeau, vautour, charognard, tour de vis, identité / Police

Ô le milliard de pétales de roses blanches disposés délicats, sous nos petits pas monstres…

Et me nage, plus m'énerve, me suis couché, m'étend, l'onde parcourt mon flanc, la marche du serpent peut reprendre ses droits…

Alerte rouge, alerte ! Alerte rouge !

Et pourquoi rouge d'ailleurs, a-t-on jamais vu des alertes bleu-ciel, et nous crétins célestes, enveloppés dans le cosmos, à flotter dans l'éther, peinards, troués d'azur… Et merde !

Avions fusées en chasse, ça pouvait pas durer, zèbres acier sans savane aux sanglantes parures striant la toile et cravachant silence.

En bas, le sol crevé offrant sa panse intime à la morsure du ciel.

Alerte !

Paraît qu'on est des anges au paradis des octaves, qu'on peut gravir facile, c'est question d'entraînement, c'est pas pour les potiches, sale petite peste, pudding, cœur bouilli, sauce anglaise à la menthe, il faudra qu'on t'enseigne l'esquive frontale, une *muleta* blême qui se rêve immobile !

Keskya tu dis rien ?
Tu as perdu ta langue ?

Alors ces anges-là, alors ces angelots de la *muerte* câline se désolidarisent, sont engins du désastre, harnachés corps et âme, sur leurs armures brillantes on peut voir le reflet de nos pauvres carcasses aux regards qui s'affaissent.

OK d'acc / pas d'pitié / j'ai pas / tu sais / pourquoi souviens / tu / moi aussi / j'aurais / on n'y peut / mais bien sûr / j'y vais / d'accord / donc / rassemble-moi / puzzle / débris d'éclaboussure / *sole mio* / raclure !

On a droit au repos à la fin oui ou non ?
Tu perds ta langue enfin ?
Tu as perdu ta langue ?

Je connais des collines qui s'imaginent reines, règnent sur l'opéra des orages féminins, et tu peux doucement poser ta tête nue sur leurs courbes de pain de joie et de misère.

C'est morsure de poussière mais poussière accueillante. Des tissus élastiques, de la chair de printemps, un carrousel vibrant sur un axe impétueux.

S'étourdir / le sang mélangé
S'étourdir / au son des astres morts
S'étourdir / le sang mélangé
S'étourdir

Prenez-nous pour des cons
Prenez-nous pour des chiens
Continuez
Ne vous gênez pas
    Vos crachats ça nous fait des coquilles
    de cristal
Il suffit d'empoigner la crinière de l'étoile.

Moi aussi j'adorais les courses de bagnoles américaines à la télévision, et puis les cris stridents des pneus chauffés à blanc, tôle froissée sur l'asphalte, et tous au cimetière de la calandre acier. Ça levait pas c'est sûr des armées de révolutionnaires, ça t'optimise en toc, c'est bien et c'est pas cher.

Nous réclamons, morfals, notre dose abrutie, maint'nant je suis lofteur, ou lofteux, loqueteux c'est selon, c'est pas grave, ça pass'ra, on a le fondement à la taille XXL.

Tentons d'organiser les litanies infimes
C'est pour me dire à moi que je suis son absent,
Que j'appartiens déjà à l'autre rive intime

Que pour ça je respire plus profondément
Que pour ça je respire plus profondément
Que pour ça je respire plus profondément

C'est que le monde passe vite, deux trois dimanches en pleine lumière et des enfants qui courent

Les vieux claquent leurs dents sur des vitraux sans dieux

L'apéritif n'en finit pas de raconter sa vie
Et la vie est passée
Et la vie est derrière
La vie était partout et la vie est nulle part.

Il y a que tout ou presque se passe au bord de l'ombre, à demi-mots perdus, au carrefour des mystères, confluent souterrain.

Nous n'avons fait que fuir
Nous cogner dans les angles !

Entre les lampadaires
À des années-lumière
Du salut éternel

Salut comment vas-tu ?
Moi ça va, toi ça va ?
C'est très bien, c'est très bien

On a presque compris les murs sont familiers

Tu perds ta langue enfin ?
Tu as perdu ta langue ?

Pauvre sac d'os et d'excréments, tu te pavanes de l'aube au crépuscule et ce n'est pas danser et ce n'est pas esquisser un pas, ce n'est pas fouetter l'air d'un geste détaché, ce n'est pas l'élégance loin s'en faut, des lignes si fuyantes qu'on les croyait sans fin quasi-inexistantes. C'est marteler encore et toujours la terre, l'enfoncer sous ses pas, se la coller la glaise sous les semelles de plomb.

On me fait signe dans un autre hémisphère, syndrome chinois / fulgurance, transperce le noyau de feu et de magma.

On m'appelle sous d'autres latitudes où des fleurs de cactus, où de grands magnolias, où des palétuviers disputent aux bétonneuses les royaumes ordinaires.

Keskya tu dis rien ?
Tu as perdu ta langue ?

Et c'est au ralenti que le défilé coule et se répand aux quatre coins de l'écran.
C'est entre parenthèses, dans un temps qui n'existe pas.

Les horloges se sont mises en grève, en ordre de bataille, de combat immobile.
Présentez, petite aiguille !
Grande aiguille, repos !

Et comment tu leur parles toi, aux montres à quartz ? Il faudra l'inventer le médiateur final, foutez-moi tout ça au gnouf, et puis à la décharge, concassez-moi ces breloques et c'est comme chez Lip, tout ça ma bonne dame au rouleau compresseur !

T'as bien raison de venir du fond du grand bocal, des régions qu'ils appellent bassins industriels, les mêmes que sur le chemin des guerres, à l'aller, au retour, y'en aura pour tout le monde et t'auras du boulot, jusqu'à c'qu'y en ait plus, faut pas rêver et oh ! ?

Tiens-toi bien à ta barre, l'horizon c'est des conneries inventées par les utopistes si tu veux la porte elle est là, des millions de gueules grandes ouvertes qui ont plus faim que toi, mais qui sont pas plus forts que toi, car si tu collabores, car si tu persévères, nous te protégerons de notre bras armé.

Nous, on aurait voulu qu'on nous parle gentiment, pas qu'on nous mente, hein ?! Juste qu'on nous parle gentiment, pour changer des marteaux, pour changer des enclumes…

Et bien sûr ça recommence, on s'est fait marteler, on s'est fait enclumer !

Faudrait qu'on prenne la tangente alors, la diagonale et zou !

64 cases, 8 fois 8, l'infini, renouvelé toujours, survolé grand format, on se prend à y croire à ces combinaisons des infinis possibles.

Nous n'avons fait que fuir
Nous cogner dans les angles

Maintenant qu'on envisage la voûte céleste et le goût des cerises à défaut de leur temps encore qu'il ne faut pas, qu'il ne faudra jamais se départir de ça, de ce miel, de ce vent de la fin de l'été, et des grands peupliers si doucement courbés, les hautes herbes toutes inclinées sous l'évidence tiède mais pas soumises ah non ! Verticales dans l'âme, seulement reconnaissantes pour le présent offert, pour la caresse fauve et les jeunes filles, alors, sont les sœurs des rubans, on les dirait flottantes sur une mer de silence.

Et la ville endormie rêve de barricades
Allez on n'oublie rien !

Tu perds ta langue enfin
Est-ce que tu as perdu ta langue ?

Nous n'avons fait que fuir
Nous cogner dans les angles

Mais dans le cercle alors on pourrait s'immoler sur des cimes vertiges, pas pour tourner en rond comme on le croit parfois, non ! Pour créer des spirales, des colonnes aspirantes, et je tiens mon pégase, je ne lâche pas, je l'ai monté à cru, il est aussi sauvage que je suis devenu après avoir appris l'alphabet pourrissant des grands calculateurs à hauteur d'escabeau, à ras des certitudes établies à quoi bon ?

Chérie, je suis devenu rationnel !

Le jour d'après cynique et je ne sens plus rien, à présent tout me glisse dessus, me coule à l'extérieur je sais me débrouiller avec le brouhaha, avec le bruit des masses.

Je suis intoxiqué volontaire

Suradapté chronique, prenez-moi comme exemple, comme jeune premier, comme mannequin vedette, je sais me mettre en scène, je sais me « défiler »

L'ai-je bien descendu ?

Les ai-je bien descendues les marches du palais d'Empereurs Communicants (de charmants chimpanzés aux mimiques de bronze et aux sourires d'ivoire)

Je suis donc un apôtre de la modernité.

Et la table est dressée nous sommes tous autour.

Le chef n'est pas là il a été retenu mais…

J'ai la croix
Elle est belle
La couronne
Elle est belle
La multiplication
            Elle est efficace
La climatisation
            Elle est nécessaire

Une minute ! Je sens les eaux qui montent et les troupes en chemin, à travers champs et villages ils font chialer les bustes et les portraits d'ancêtres

Socle / statues déplacées
Soc / charrues blessent la terre
Éclatent les écorces au coin des cheminées

Du coup, c'est après mûre et soutenue réflexion que nous avons voulu prendre de la distance avec la peine perdue celle de chaque jour qui se suffisait bien, que nous avons fini de labourer nos chairs, d'attendre en bons amants et patientes maîtresses qu'on nous visite enfin, qu'on nous foudroie d'amour.

Il fallait une flèche autrement décochée, une qui se planterait comme on plantait les griffes dans les poitrails indiens reliés au grand poteau et ça tourne sans fin c'est la danse du soleil.

Tu as perdu ta langue ?

Dieu est mort
Nietzsche est mort !
Désenchanté le monde !

Prends ma main camarade, j'aurai besoin de toi
Et les tueurs de merveilleux courent toujours
Arrêtez-les ! Arrêtez-les !

On voudrait discuter, il nous manque un relais, un maillon de la chaîne, ou une catapulte…

Invention, invention ! On invente un trésor, et pas un dépotoir, encore que dans l'ordure poussent des fleurs sacrées…

Et tout ça c'est parure, c'est attitude vaine, c'est pose et compagnie ; on le sait qu'il suffit qu'un rayon de soleil se plante au bon endroit, sur ce balcon foutoir pour que le chant s'élève.

Et tu n'y pourras rien, et je n'y pourrai rien, si tu l'as oublié, tu as tout oublié, et tu peux te baigner dans des baignoires d'or / tu peux te rouler dans la luxure encore, tu peux te pétrir le membre Imperator et l'intellect, car je sais que tu sais que tu sais que tu sais que tu sais que tu sais que je sais, mais tu seras toujours pauvre, dépenaillé, minable / et creux, caracoleur, caricature, épouvantail, ne fais peur qu'aux moineaux, je t'aime bien c'est pas ça, je fais plus que t'aimer, allez, je suis fait de même bois de sang, de la même écriture, nous sommes entre nous.

Tu as perdu ta langue ?
Allez !

Nous n'avons fait que fuir
Nous cogner dans les angles
Nous n'avons fait que fuir
Et sur la longue route
Des chiens resplendissants
Deviennent nos alliés

*Nous n'avons fait que fuir* est né d'une proposition que nous avons reçue de Bernard Comment pour France Culture.

Il s'agissait en fait d'une carte blanche à Noir Désir, avec en première partie de soirée des invités, suivie d'une heure réservée à une performance de notre choix dans le cadre du cloître du couvent des Ursulines à Montpellier.

Nous avons d'abord pensé répéter des versions acoustiques et des lectures multiples mais le groupe étant au cœur d'une tournée bien fournie, nous avions peu de temps devant nous.

J'ai ensuite pensé que l'occasion était trop belle de créer « autre chose » et j'ai commencé à écrire ce texte entre balances et concerts.

Un petit « break » nous a permis quelques jours plus tard de nous retrouver tous ensemble et la suite du texte est née dans un bain musical et sonore collectif, dans une « interaction directe » avec les autres membres du groupe.

Le temps nous a manqué pour répéter l'ensemble.

Tout a été jeté, craché, et le résultat est là.

Bertrand Cantat

Merci à Jeanette

Dans la même collection

Philippe Adam
*La Société des Amis de Clémence Picot*

Bruce Bégout
*L'Éblouissement des bords de route*

Nicole Caligaris
*Les Chaussures, le drapeau, les putains*

Arnaud Cathrine
*Exercices de deuil*

Collectif
*Tout sera comme avant*
[+ CD Dominique A.]

Christian Colombani
*Variations saisonnières*

Régis Jauffret
*Les Jeux de plage*

Pierre Lafargue
*Sermon sur les imbéciles*

Rémi Malingrëy
*Demain revient*
[+ CD Jacques Sédille/Jean-Luc Porraz]

Yaël Pachet
*On est bien, on a peur*

Yves Pagès
*Portraits crachés*

Olivia Rosenthal
*Les Sept voies de la désobéissance*

Lydie Salvayre
*Contre*
[+ CD Serge Teyssot Gay/Marc Sens]

Jane Sautière
*Fragmentation d'un lieu commun*

Pierre Senges
*Essais fragiles d'aplomb*

Street Voice
*Paroles de l'ombre*

COMPOSITION : ÉDITIONS VERTICALES
IMPRESSION : MAME IMPRIMEURS À TOURS
DÉPÔT LÉGAL : MAI 2004. N°168 - 03072216
IMPRIMÉ EN FRANCE